BEI GRIN MACHT SICH IHR WISSEN BEZAHLT

- Wir veröffentlichen Ihre Hausarbeit, Bachelor- und Masterarbeit

- Ihr eigenes eBook und Buch - weltweit in allen wichtigen Shops

- Verdienen Sie an jedem Verkauf

Jetzt bei www.GRIN.com hochladen und kostenlos publizieren

Bibliografische Information der Deutschen Nationalbibliothek:

Die Deutsche Bibliothek verzeichnet diese Publikation in der Deutschen Nationalbibliografie; detaillierte bibliografische Daten sind im Internet über http://dnb.d-nb.de/ abrufbar.

Dieses Werk sowie alle darin enthaltenen einzelnen Beiträge und Abbildungen sind urheberrechtlich geschützt. Jede Verwertung, die nicht ausdrücklich vom Urheberrechtsschutz zugelassen ist, bedarf der vorherigen Zustimmung des Verlages. Das gilt insbesondere für Vervielfältigungen, Bearbeitungen, Übersetzungen, Mikroverfilmungen, Auswertungen durch Datenbanken und für die Einspeicherung und Verarbeitung in elektronische Systeme. Alle Rechte, auch die des auszugsweisen Nachdrucks, der fotomechanischen Wiedergabe (einschließlich Mikrokopie) sowie der Auswertung durch Datenbanken oder ähnliche Einrichtungen, vorbehalten.

Impressum:

Copyright © 2016 GRIN Verlag, Open Publishing GmbH
Druck und Bindung: Books on Demand GmbH, Norderstedt Germany
ISBN: 9783668484412

Dieses Buch bei GRIN:

http://www.grin.com/de/e-book/370813/ist-willensfreiheit-ein-scheinbegriff

Anonym

Ist "Willensfreiheit" ein Scheinbegriff?

GRIN Verlag

GRIN - Your knowledge has value

Der GRIN Verlag publiziert seit 1998 wissenschaftliche Arbeiten von Studenten, Hochschullehrern und anderen Akademikern als eBook und gedrucktes Buch. Die Verlagswebsite www.grin.com ist die ideale Plattform zur Veröffentlichung von Hausarbeiten, Abschlussarbeiten, wissenschaftlichen Aufsätzen, Dissertationen und Fachbüchern.

Besuchen Sie uns im Internet:

http://www.grin.com/

http://www.facebook.com/grincom

http://www.twitter.com/grin_com

Hausarbeit zum Thema:

Ist „Willensfreiheit" ein Scheinbegriff?

Abgabetermin: 31.05.2016

Inhaltsverzeichnis

1. Verdacht eines Scheinbegriffs? 1
2. Begriffsklärungen 2
    2.1 Begriffsklärung Willensfreiheit 2
    2.2 Begriffsklärung Scheinbegriff 4
3. Willensfreiheit ein Scheinbegriff? 6
5. Fazit 9
Literaturverzeichnis 11

1. Verdacht eines Scheinbegriffs?

Die Frage nach der Willensfreiheit des Menschen ist alt und zugleich aktuell. Das Thema wurde schon in der antiken griechischen und römischen Philosophie sowie im Buddhismus und in der christlichen und islamischen Theologie behandelt (vgl. Heiden und Schneider 2007, S. 11). Aktuell ist das Thema, weil die Hirnforschung die Debatte über die Willensfreiheit neu entfacht hat. Einige Forscher interpretieren die Forschungsergebnisse dahingehend, dass im menschlichen Hirn ablaufenden Prozesse nicht kontrollierbar sind und somit Willensfreiheit eine Illusion ist (vgl. ebd.). „Der freie Wille ist eine Illusion. Eltern haften trotzdem für ihre Kinder!", so oder ähnlich könnte der Titel einer Veranstaltung zum Thema Willensfreiheit lauten. Laut Geyer füllt das Thema Willensfreiheit mit Garantie die Säle (vgl. Geyer, 2004, S. 11). In Deutschland gab es in den letzten Jahren eine leidenschaftlich geführte öffentliche Debatte über das Problem der Willensfreiheit (vgl. Metzinger 2009, S. 190). Dies wird in dem von Geyer 2004 veröffentlichtem Sammelband „Hirnforschung und Willensfreiheit – Zur Deutung der neusten Experimente" deutlich. In diesem Band vertreten 30 Autoren ihre divergierten Meinungen über bestimmte Versuchsergebnisse. Ob das Werk eher zu Klarheit oder doch mehr zu Verwirrung geführt hat, bleibt fraglich. Daraus wird deutlich, dass es bisher keine einheitliche Lösung in Hinblick auf die Frage nach dem freien Willen des Menschen gibt.

Ein weiteres Sammelwerk, das die Problematik des freien Willens thematisiert, ist das von Uwe an der Heiden und Helmut Schneider mit dem Titel „Hat der Mensch einen freien Willen – Die Antworten der großen Philosophen" (Heiden und Schneider, 2007). In diesem Werk werden die Gedanken bezüglich der Willensfreiheit der großen Denker von Platon über Sartre bis zu den Vertretern der analytischen Philosophie dargestellt. Die Ansicht mancher Forscher, dass Willensfreiheit eine Illusion sein könnte, ist der Grund für die Entstehung dieses Werkes von Heiden und Schneider (vgl. ebd. S. 11).

Eine weitere Quelle die für die Vermutung spricht, dass Willensfreiheit ein Scheinbegriff der Philosophie sein kann, ist das Sammelwerk von Susan Blackmore „Gespräche über Bewusstsein" (Blackmore und Born, 2007). Blackmore fiel auf, dass sie in den von ihr geführten Interviews „[…] immer wieder die gleichen Schlüsselfragen gestellt hatte und daß die Antworten darauf so gut wie keinerlei Übereinstimmung enthielten" (ebd. S. 8). Auch in diesem Werk gehen die Meinungen auseinander und es lässt sich keine klare Antwort finden. Vielleicht lässt sich die Frage nach der Willensfreiheit gar nicht klären. Es gibt viele verschiedene Meinungen zu diesem Thema und keine Lösung, die von allen anerkannt ist. Deshalb kommen diverse Fragen auf: Warum lässt sich die Thematik nicht einheitlich lösen? Ist das „Willensfreiheit" ein Scheinproblem? Um den Antworten auf diese Fragen näher zu kommen, müssen zunächst die Wörter „Willensfreiheit" und „Scheinproblem" genauer betrachtet werden.

2. Begriffsklärungen

2.1 Begriffsklärung Willensfreiheit

> „Jemand, der frei ist, zu tun, was er möchte, braucht [...] noch nicht in der Lage zu sein, den Willen zu haben, den er haben möchte. Aber nehmen wir an, daß er beides genießt: Handlungsfreiheit und Willensfreiheit. Dann ist er nicht alleine frei zu tun, was er möchte, sondern er ist auch frei zu wollen was er möchte" (Frankfurt et al. 2001).

Laut Keil (2013) werden in der Philosophie Willensfreiheit und Handlungsfreiheit unterschieden. Handlungsfreiheit, wie sie auch Harry G. Frankfurt versteht, „wird gewöhnlich als die Freiheit bestimmt, das zu tun oder zu lassen, was man will. Handlungsfreiheit besitzt man, wenn man nicht durch äußeren Zwang daran gehindert wird, seine Absichten in die Tat umzusetzen" (Keil 2013, S. 1).

Aber was genau ist Willensfreiheit? Wenn Handlungsfreiheit die Freiheit ist zu tun, was man will, könnte Willensfreiheit die Freiheit sein, zu wollen was man will. Heißt das dann auch, dass man auch anders hätte wollen können?

Leibniz führt an, dass sich das Wollen nur auf das Handeln richtet und nicht auf das Wollen.

> „Was das Wollen selbst anbetrifft, so ist es unrichtig, wenn man sagt, daß es ein Gegenstand des freien Willens ist. Wir wollen handeln, richtig gesprochen, aber wir wollen nicht wollen, denn sonst könnte man auch sagen, wir wollen den Willen haben, zu wollen, und das würde ins Endlose fortgehen" (Leibniz, 1710, S. 283 (§51)).

Schopenhauer ist der Meinung, dass der Mensch tun kann, was er will, aber nicht wollen, was er will (Schopenhauer, 1839, 542). Ein Beispiel hierfür sind Menschen, die Neigungen haben, die sie unfreiwillig haben. Es stellt sich neben der Frage, ob wir wollen können, was wir wollen, auch die Frage, ob wir frei wählen oder entscheiden können.

Laut Keil wird „Willensfreiheit" in der Philosophie weitgehend gleichbedeutend mit „Entscheidungsfreiheit" und „Wahlfreiheit" gebraucht (Keil 2013, S. 3). „Descartes und Lock haben in der Fähigkeit, innezuhalten und die eigenen Wünsche noch einmal zu überprüfen, den wesentlichen Zug der menschlichen Willensfreiheit gesehen" (Keil 2013, S. 3).

Es gibt noch viele verschiedene Erklärungsversuche für den Begriff der Willensfreiheit. Diese Arbeit stützt sich auf die Position von Harry G. Frankfurt, einem Vertreter des Kompatibilismus.[1] Diese Position wurde gewählt, weil es diejenige ist, die aussagt, dass freier Willen und Determinismus[2] verträglich sind. Laut Keil sind die Grenzen zwischen dem Kompatibilismus und der Auffassung, dass es sich beim Freiheitsproblem um ein Scheinproblem handelt, fließend, da die „Diagnose von Verwechslungen" ein Leitmotiv des Kompatibilismus ist (Keil 2013, S. 61f). Keil schreibt, dass „wenn die einschlägige Verwechslung, insbesondere die von Verursachung und Zwang, einmal beiseite seien, verschwinde der Anschein der Unvereinbarkeit" (Keil 2013, S. 62).

Frankfurt beantwortet die Frage nach der Willensfreiheit in Analogie zu Handlungsfreiheit. Entsprechend gilt nach Frankfurt: Willensfreiheit ist die Freiheit, das zu wollen, was man wollen will; ich verfüge über Willensfreiheit, wenn nichts mich daran hindert, meine Wünsche umzusetzen, Willensfreiheit wird gleichgesetzt mit der Fähigkeit, selbst zu bestimmen, welche Wünsche handlungswirksam werden, oder – wie Frankfurt auch sagt – welchen *Willen* man hat (Frankfurt et al. 2001).

Zusammenfassend ist festzustellen, dass es eine Irritation über den philosophischen Begriff der Willensfreiheit gibt, da keine anerkannte Definition des Begriffes der Willensfreiheit vorliegt. Möglicherweise handelt sich bei dem Wort Willensfreiheit um ein Scheinbegriff. Um herauszufinden, ob es sich bei dem Begriff „Willensfreiheit" um

---

[1] „Kompatibilismus ist die Lehre, dass Freiheit und Determinismus miteinander vereinbar sind" (Keil 2013, S. 55).

[2] Laut Keil besagt die These des Determinismus, dass „der gesamte Weltlauf ein für alle Mal fixiert ist, so dass es zu jedem Zeitpunkt genau eine mögliche Zukunft gibt" (Keil 2013, S. 18). Der Determinismus ist folglich die Auffassung, dass alle Ereignisse eindeutig festgelegt sind.

einen Scheinbegriff handelt wird im Folgenden der Begriff Scheinbegriff näher erläutert,

2.2 Begriffsklärung Scheinbegriff

Der zweite zu klärende Begriff ist „Scheinbegriff". Hierbei wird sich auf Rudolf Carnaps Werk „Überwindung der Metaphysik durch logische Analyse der Sprache" bezogen, da sich in diesem mit „Scheinsätzen" und „Scheinbegriffen" auseinandersetzt wurde. Rudolf Carnap war eines der bedeutendsten Mitglieder des Wiener Kreises, der sich zur Aufgabe machte, die gesamte Wissenschaft auf die Erfahrung zurückzuführen (Uebel 2016). Nach Carnaps Argumenten in dem Artikel „Überwindung der Metaphysik durch logische Analyse der Sprache" sind in der traditionellen Philosophie zwei Typen von Scheinsätzen vorzufinden. Entweder kommen darin Wörter vor, die keinen Erfahrungsbezug aufweisen und damit gemäß dem Programm des logischen Aufbaus ohne Bedeutung sind, oder bedeutungsvolle Wörter sind auf eine Weise zusammengestellt, die der logischen Syntax widersprechen (Carnap 1931).

Um die erste Art von Scheinsätzen zu erläutern – diejenigen, die *Wörter ohne Bedeutung* enthalten – erklärt Carnap, wie ein Wort zu einer Bedeutung kommt. Dazu führt er zwei Kriterien an:

1. *für ein Wort, das eine Bedeutung hat, muss ein sogenannter „Elementarsatz" zu bilden sein.* Ein Elementarsatz sei die „einfachste Satzform" in der ein Wort vorkommt (Carnap 1931, S. 221). Für das Wort „Stein" sei dies beispielsweise „x ist ein Stein", wobei für „x" ein passender Begriff wie „dieser Diamant" einzusetzen sei (vgl. ebd.).

2. *der zu einem Wort gehörige Elementarsatz S muss aus einem sogenannten „Beobachtungssatz" oder „Protokollsatz" ableitbar sein.*[3] Wie ein solcher Protokollsatz genau aussieht, ist unklar. Carnap selbst gibt zu, dass „die Frage nach Inhalt und Form der ersten Sätze (Protokollsätze) [...] bisher noch keine endgültige Beantwortung gefunden

---

[3] Das Kriterium der Ableitbarkeit ist für Carnap gleichbedeutend mit dem Wahrheitskriterium, der Verifizierbarkeit und dem Sinn des Satzes, vgl Carnap 1931 S. 222.

hat" (Carnap 1931)[4]. Der entscheidende Punkt ist allerdings, dass die Protokollsätze eine Dokumentation der tatsächlich in der Welt zu beobachtenden Entitäten[5] und Ereignisse sein sollen und daher nicht bewiesen werden müssen. Sie sollen die Grundlage für alle anderen Sätze der Wissenschaft bilden.

Carnap geht davon aus, dass in der Metaphysik viele bedeutungslose Begriffe existieren. Sie entstünden hauptsächlich dadurch, dass einem Wort seine ursprüngliche Bedeutung genommen werde, ohne ihm eine neue Bedeutung zu geben, es aber durch seine frühere Bedeutung noch mit bestimmten Vorstellungen verknüpft sei (Carnap 1931, S. 221). Wenn ein Wort eine Bedeutung hat, wird dieses als „Begriff" bezeichnet. Scheint es jedoch nur so, dass ein Wort eine Bedeutung hat, wird es als ein „Scheinbegriff" bezeichnet.

Die zweite Art von Scheinsätzen hängt für Carnap vom *Sinn eines Satzes* ab. Ein Satz sei sinnvoll, wenn er zum einen aus Wörtern mit Bedeutung zusammengesetzt und zum anderen gemäß einer logischen Syntax aufgebaut ist. Diese müsse allerdings erst noch entwickelt werden, da die vorherrschende grammatische Syntax nicht ausreichend sei, um sinnlose Sätze auszuschließen (Carnap 1931, S. 227). Sinnlos und somit ein Scheinsatz der zweiten Art sind für Carnap zwei Typen von Sätzen.

Erstens sind es Sätze wie „Cäsar ist und", die der grammatischen Syntax widersprechen. Anstelle von „und" müsse hier ein Substantiv mit Artikel oder ein Adjektiv stehen. Zweitens sind es Sätze wie „Cäsar ist eine Primzahl". Solche Sätze widersprächen zwar nicht der grammatischen Syntax, aber sie seien trotzdem sinnlos. Carnap bezeichnet den Fehler, der hier gemacht wurde, als „Sphärenvermengung" (Carnap 1931, S. 235). Er sieht einen Mangel in unserer Sprache: Substantive müssten in seinen Augen in verschiedene Wortarten zerfallen, sodass über Cäsar nicht gesagt werden könnte, er sei eine Primzahl. In einer logisch korrekten Sprache wäre die Sphärenvermengung nicht möglich (Carnap 1931, S. 227). Scheinsätze der zweiten Art entstehen laut Carnap durch einen Fehler in unserer Sprache: Sie lässt „grammatische Formgleichheit zwischen sinnvollen und sinnlosen Wortreihen zu […]" (Carnap 1931, S. 230). Beispielhaft für diese sinnlosen Wortreihen, die grammatisch wie sinnvolle Sätze erscheinen, ist Carnap zufolge die Philosophie Heideggers. Dieser verwende etwa das Wort „nichts" als ein

---

[4] Die Frage nach Inhalt, Form und Status von Protokollsätzen war im Wiener Kreis Gegenstand umfangreicher Debatten; vgl. dazu Uebel.
[5] Sammelbegriffl, um unterschiedliche Gegenstände wie Dinge, Eigenschaften, Relationen oder Sachverhalte auf einmal anzusprechen.

eigenständiges Subjekt, obwohl es eigentlich nur zur Negation der Existenz von etwas diene. Die von ihm gebildeten Sätze, etwa „Wir kennen das Nichts", erscheinen grammatikalisch korrekt, aber sie seien sinnlos (vgl. ebd.). In einer logisch korrekten Sprache sei solch eine grammatische Ähnlichkeit zwischen sinnvollen und sinnlosen Sätzen nicht möglich, negative Existenz müsse auf andere Weise ausgedrückt werden (vgl. ebd.).

Um herauszufinden, ob das Wort „Willensfreiheit" eine Bedeutung hat oder ein „Scheinbegriff" ist, kann man sich an Carnaps Frage orientieren: Für den Elementarsatz „S(a)" des betreffenden Wortes (a) muss die Antwort auf jene Frage gegeben sein, die in verschiedenen Weisen formuliert werden kann: (Carnap 1931, S. 224)

1. Die empirischen Kennzeichen für „a" sind bekannt.
2. Es steht fest, aus was für Protokollsätzen „S(a)" abgeleitet werden kann.
3. Die Wahrheit für „S(a)" liegt fest.
4. Der Weg zur Verifikation von „S(a)" ist bekannt.

Liegt möglicherweise in unserer Sprache ein Fehler bezüglich des Wortes „Willensfreiheit" vor? Ob es sich bei dem Wort „Willensfreiheit" um ein Scheinbegriff handelt oder jene Frage von Carnap beantwortet werden kann, wird im Folgenden näher erläutert.

3. Willensfreiheit ein Scheinbegriff?

Carnap schreibt, dass vielen Wörtern der Metaphysik die zuvor genannte Bedingung nicht erfüllen, sodass sie ohne Bedeutung sind (Carnap 1931, S. 224). Ist Willensfreiheit ein Scheinbegriff?
Zunächst wird die erste Art von Scheinsätzen, die *Wörter ohne Bedeutung* enthalten, betrachtet. Für diese Analyse wird der Blick auf die Syntax des Wortes gerichtet. Damit ist das Auftreten des Wortes in einem Elementarsatz gemeint.
Wie schon im Unterkapitel 2.1 erwähnt wurde, gibt es kein einheitliches Verständnis von Willensfreiheit. Willensfreiheit scheint ein subjektiv geprägtes Wort zu sein, welches nicht konkret zu definieren ist. Daraus wird geschlossen, dass es ebenso keinen Elementarsatz für das Wort „Willensfreiheit" gibt.

Die erste Forderung der Logik für die Bedeutung eines Wortes ist damit nicht gegeben. Es wird hypothetisch erst einmal angenommen, dass die Antwort darauf, was Willensfreiheit ist, offen bleibt, weil es bisher noch keine einheitliche Antwort gibt. Wird die zweite Forderung der Logik betrachtet, so muss es eine Antwort auf eine Frage geben. Die Frage kann unterschiedlich formuliert werden:

1. Die empirischen Kennzeichen für „a" sind bekannt. Dabei könnte sich auf die Ergebnisse des Libet-Experiments bezogen werden. Dessen Ergebnis war, dass die Gehirnaktivität ca. 400 Millisekunden vor dem Bewusstwerden einsetzte (Libet, 2005, S. 160ff.) Für Libet war klar: „Das Gehirn leitet zuerst den Willen ein" (ebd. 164). Daraus schloss er, dass der Prozess, der zur Willenshandlung führt, vom Gehirn *unbewusst* eingeleitet wird, „und zwar deutlich vor dem Erscheinen des bewussten Handlungswillens. Das bedeutet, dass der freie Wille, wenn es ihn gibt, eine Willenshandlung nicht einleiten würde" (Libet, 2005, S. 173). Benjamin Libet hat also einen Beleg für die Annahme gebracht, dass zumindest bei sehr einfachen Bewegungen das Bewusstsein eine Entscheidung getroffen zu haben, erst einsetzt, nachdem die Bewegung auf neuronaler Ebene bereits durch den Aufbau des Bereitschaftspotenzials (BP) im motorischen Kortex eingeleitet worden ist. Michael Pauen sagt zu diesen Ergebnissen, dass wenn sich Libets Resultate „weiterhin als haltbar erweisen, dann müssten wir zu dem Schluss kommen, dass Handlungen nicht durch die auf sie bezogenen Willensakte gesteuert werden" (Pauen und Roth 2001, S. 90). Es bleibt allerdings fraglich, was genau die empirischen Kennzeichen für Willensfreiheit sind, denn das Experiment weißt lediglich das BP vor einer bewussten Entscheidung nach.

Da es scheint als gäbe es keinen Elementarsatz für den „Begriff" „Willensfreiheit", können die weiteren möglichen Kriterien

2. Es steht fest, aus was für Protokollsätzen „S(a)" abgeleitet werden kann.
3. Die Wahrheit für „S(a)" liegt fest.
4. Der Weg zur Verifikation von „S(a)" ist bekannt"

nicht beantwortet werden. Aufgrund dessen, dass es keinen Elementarsatz für „Willensfreiheit" gibt, kann die Frage und somit zweite Forderung der Logik von Carnap nicht erfüllt werden. In diesem Falle wird die Verwendung des Wortes als unzulässig erachtet.

Die zweite Art von Scheinsätzen hängt für Carnap vom Sinn eines Satzes ab. Ein Satz sei sinnvoll, wenn er zum einen aus Wörtern mit Bedeutung zusammengesetzt *und* zum anderen gemäß einer logischen Syntax aufgebaut ist. Da es sich bei dem Wort „Willensfreiheit" um einen Scheinbegriff – Wort ohne Bedeutung – handelt, kann damit kein sinnvoller Satz gebildet werden. Daher brauch sich nicht mit der Syntax eines Satzes auseinandergesetzt werden.

Aufgrund der vielen Diskussionen über die Bedeutung und Existenz der Willensfreiheit wird deutlich, dass Personen etwas mit dem Wort „Willensfreiheit" meinen. Sie weisen dem Scheinbegriff „Willensfreiheit" eine Bedeutung zu. Dadurch wird der psychologische Aspekt des Wortes deutlich. Wenn sich keine empirischen Wahrheitsbedingungen angeben lassen, aber damit von einer Person etwas „gemeint" wird, sind dies begleitende Vorstellungen und Gefühle, durch die aber das Wort keine Bedeutung erhält (Carnap 1931, S. 227). Dies wird damit begründet, dass es für „Willensfreiheit" kein festgelegtes Kriterium gibt. „Ist kein Kriterium für das […] Wort festgesetzt, so besagen die Sätze, in denen es vorkommt, nichts, sie sind bloß Scheinsätze (Carnap 1931, S. 223). Da weder die erste noch die zweite Forderung der Logik erfüllt werden kann, handelt es sich bei dem Wort „Willensfreiheit" um ein Scheinbegriff, welches alle Sätze, in denen es vorkommt, zu Scheinsätzen macht.

Auch Popper ist der Meinung, dass wenn es keinen Elementarsatz gibt, dann ist dieser sinnlos.

> „Gibt es keine allgemeinen Sachverhalte, so auch keine allgemeinen Sätze: Die vermeintlichen allgemeinen Sätze sind sinnlos, sind Scheinsätze." (Popper und Hansen 2010, S. 341)

Es ist der Gebrauch unserer Sprache, die es unmöglich macht, die Existenz von Willensfreiheit zu beschreiben, da wir nicht exakt angeben können worüber wir sprechen und schreiben. „Was uns ungewiß ist, kann uns mit Hilfe eines anderen gewisser werden; was aber für uns unverstehbar, sinnlos ist, kann uns nicht durch Hilfe eines anderen sinnvoll werden, und wüßte er noch so viel" (Carnap 1931, S. 233). Die Willensfreiheit bleibt somit ein Thema welches nicht im Rahmen der uns zur Verfügung stehenden Sprache zu beantworten ist.

5. Fazit

Wie schon zu Anfang angemerkt, gibt es eine Vielzahl von Menschen, beispielsweise Philosophen, Neurologen und andere Wissenschaftler, die sich dem Thema der Willensfreiheit gewidmet haben.

Der Begriff „Willensfreiheit" ist ein unglücklich gebildetes Wort, weil es das Wollen in zwei getrennte Vermögen zu zerlegen scheint: gewissermaßen ein Vordergrund- und Hintergrundwollen (etwas. wollen zu wollen). Personen wird damit unterstellt, dass sie auch anders hätten handeln können. Deshalb wird auch über diese Sichtweise weiterhin gestritten. Auf der Vorstellung des Auch-anders-handeln-Können beruhen die gesellschaftlichen Konventionen der Moral, des Rechts und des individuellen Gewissens. Dadurch wird der Begriff „Willensfreiheit" zu einem Teil der Gesellschaft.

Wird der Alltag eines Menschen betrachtet, so fällt auf, dass dieser nicht jeden Gedanken bewusst, sondern auch unterbewusst erleben kann. Ein Beispiel dafür ist intuitives Wissen. Zudem hat ein Mensch verschiedene Stimmungen, Neigungen und Befürchtungen. Diese Hirnvorgänge lassen sich mit einem neurobiologischen biochemischen Vokabular sicherlich beschreiben.

Bis heute wurde das Libet-Experiment nicht widerlegt und wird als empirisch bestätigt angesehen. Daraus folgt, dass die subjektiv erlebte Willensfreiheit objektiv nicht vorhanden ist. Doch auf der anderen Seite stehen die zahllosen Diskussionen und der Glaube an den freien Willen. Möglicherweise können Menschen keine zuverlässigen Aussagen bezüglich ihres Bewusstseins machen. Es bleibt weiterhin fraglich, ob Neurowissenschaftler wie Libet das Problem der Willensfreiheit lösen können und inwiefern sich das Experiment auf die komplexen Entscheidungen und Handlungen im alltäglichen Leben übertragen lässt. Neurowissenschaftler können die Frage der Willensfreiheit nur mit ihren begrenzten Methoden, die eine subjektive Wahrnehmung eines Gefühls nicht abbilden können, beantworten. Aus diesem Experiment geht hervor, dass der Bewusstseinsvorgang („Ich will jetzt das und das tun.") später entsteht als der *Entschluss*. Doch ist es wirklich der *Entschluss* oder handelt es sich hier um eine Vermischung von Wörtern? Das Libet-Experiment sagt aus, dass das Bereitschaftspotenzial entsteht, bevor die Versuchsperson der Empfindung, einen *Entschluss* gefasst zu haben, Ausdruck verleiht. Kann überhaupt ein *Bewusstseinseindruck* mit *Entscheidung* in unserer Sprache gleichgesetzt werden?

Was in den letzten Jahren an Erkenntnis gewonnen wurde, führte für einige zu mehr Klarheit und für andere zu Unklarheit. Es liegt zwar eine Antwort der Wissenschaft vor, die aber noch nicht endgültig ist. Es scheint als könne unsere Sprache nicht dafür genutzt werden, um das Problem der Willensfreiheit zu lösen.

„ich [bin] mir darüber im Klaren, wie viel noch getan werden muss, vor allem in Bezug auf das Problem des freien Willens, zu dessen Lösung, wie mir scheint, ein ganzer Komplex neuer begrifflicher Werkzeuge erforderlich ist – ein Bruch mit der traditionellen Terminologie, den soweit ich weiß, bisher niemand zu vollziehen imstande war." (Berlin, 2006, S. 65)

Wir können unsere Sprache nicht nutzen, um Willensfreiheit zu beschreiben. Demnach ist die Willensfreiheit ein Scheinbegriff.

Literaturverzeichnis

Berlin, Isaiah (2006): Freiheit - vier Versuche. Frankfurt am Main: Fischer-Taschenbuch-Verl.

Blackmore, Susan; Born, Frank (2007): Gespräche über Bewußtsein. Frankfurt am Main. Online verfügbar unter http://www.gbv.de/dms/faz-rez/FD1200710291384349.pdf, zuletzt geprüft am 23.05.2016.

Carnap, Rudolf. (1931): Erkenntnis. „Überwindung der Metaphysik durch logische Analyse der Sprache. In: *2* (4), S. 219 - 241.

Frankfurt, Harry G.; Betzler, Monika; Guckes, Barbara (2001): Freiheit und Selbstbestimmung. Ausgewählte Texte. Berlin: Akademie Verlag (Polis, Bd. 3).

Geyer, Christian (Hg.) (2004): Hirnforschung und Willensfreiheit. Zur Deutung der neuesten Experimente. Orig.-Ausg., 1. Aufl. Frankfurt am Main: Suhrkamp.

Heiden, Uwe an der; Schneider, Helmut (2007): Hat der Mensch einen freien Willen? Die Antworten der grossen Philosophen. Stuttgart: Reclam.

Keil, Geert (2013): Willensfreiheit. 2. vollständig überarb. und erweiterte Aufl. Berlin: de Gruyter (Grundthemen Philosophie).

Leibniz, Gottfried Wilhelm: Die Theodizee. In: Leibniz, Holz et al. (Hg.) 1710 – Philosophische Schriften.

Libet, Benjamin (2005): Mind time. Wie das Gehirn Bewusstsein produziert. 1. Aufl. Frankfurt am Main: Suhrkamp.

Metzinger, Thomas (2009): Der Ego-Tunnel. Eine neue Philosophie des Selbst: von der Hirnforschung zur Bewusstseinsethik. 6. Aufl. Berlin: Berlin-Verl. Online verfügbar unter http://www.gbv.de/dms/faz-rez/FD1200910142449777.pdf, zuletzt geprüft am 23.05.2016.

Pauen, Michael; Roth, Gerhard (2001): Neurowissenschaften und Philosophie. Eine Einführung. München: Fink.

Popper, Karl R.; Hansen, Troels Eggers (Hg.) (2010): Die beiden Grundprobleme der Erkenntnistheorie. Aufgrund von Manuskripten aus den Jahren 1930 - 1933. 3. Aufl., durchges. und erg. Tübingen: Mohr Siebeck (Gesammelte Werke, in deutscher Sprache / Karl R. Popper ; 2).

Thomas Uebel (2016): Vienna Circle. The Stanford Encyclopedia of Philosophy (Summer 2011Edition. Online verfügbar unter http://plato.stanford.edu/archives/sum2011/entries/vienna-circle/, zuletzt aktualisiert am 21.05.2016.

BEI GRIN MACHT SICH IHR WISSEN BEZAHLT

- Wir veröffentlichen Ihre Hausarbeit, Bachelor- und Masterarbeit

- Ihr eigenes eBook und Buch - weltweit in allen wichtigen Shops

- Verdienen Sie an jedem Verkauf

Jetzt bei www.GRIN.com hochladen und kostenlos publizieren